2021-2025 Planner

This Book Belongs To:

_____

_____

_____

PERSONAL *Information*

NAME

ADDRESS

CITY — **STATE**

HOME — **CELL**

EMAIL

COMPANY NAME

ADDRESS

CITY — **STATE**

PHONE — **CELL**

EMAIL

DOCTOR

DENTIST

ALLERGIES

BLOOD TYPE

ESSENTIAL INFORMATION

EMERGENCY

NOTIFY & RELATIONSHIPS

ADDRESS

CITY — **STATE**

PHONE

EMAIL

2021

January
MON	TUE	WED	THU	FRI	SAT	SUN
				1	2	3
4	5	6	7	8	9	10
11	12	13	14	15	16	17
18	19	20	21	22	23	24
25	26	27	28	29	30	31

February
MON	TUE	WED	THU	FRI	SAT	SUN
1	2	3	4	5	6	7
8	9	10	11	12	13	14
15	16	17	18	19	20	21
22	23	24	25	26	27	28

March
MON	TUE	WED	THU	FRI	SAT	SUN
1	2	3	4	5	6	7
8	9	10	11	12	13	14
15	16	17	18	19	20	21
22	23	24	25	26	27	28
29	30	31				

April
MON	TUE	WED	THU	FRI	SAT	SUN
			1	2	3	4
5	6	7	8	9	10	11
12	13	14	15	16	17	18
19	20	21	22	23	24	25
26	27	28	29	30		

May
MON	TUE	WED	THU	FRI	SAT	SUN
					1	2
3	4	5	6	7	8	9
10	11	12	13	14	15	16
17	18	19	20	21	22	23
24	25	26	27	28	29	30
31						

June
MON	TUE	WED	THU	FRI	SAT	SUN
	1	2	3	4	5	6
7	8	9	10	11	12	13
14	15	16	17	18	19	20
21	22	23	24	25	26	27
28	29	30				

July
MON	TUE	WED	THU	FRI	SAT	SUN
			1	2	3	4
5	6	7	8	9	10	11
12	13	14	15	16	17	18
19	20	21	22	23	24	25
26	27	28	29	30	31	

August
MON	TUE	WED	THU	FRI	SAT	SUN
						1
2	3	4	5	6	7	8
9	10	11	12	13	14	15
16	17	18	19	20	21	22
23	24	25	26	27	28	29
30	31					

September
MON	TUE	WED	THU	FRI	SAT	SUN
		1	2	3	4	5
6	7	8	9	10	11	12
13	14	15	16	17	18	19
20	21	22	23	24	25	26
27	28	29	30			

October
MON	TUE	WED	THU	FRI	SAT	SUN
				1	2	3
4	5	6	7	8	9	10
11	12	13	14	15	16	17
18	19	20	21	22	23	24
25	26	27	28	29	30	31

November
MON	TUE	WED	THU	FRI	SAT	SUN
1	2	3	4	5	6	7
8	9	10	11	12	13	14
15	16	17	18	19	20	21
22	23	24	25	26	27	28
29	30					

December
MON	TUE	WED	THU	FRI	SAT	SUN
		1	2	3	4	5
6	7	8	9	10	11	12
13	14	15	16	17	18	19
20	21	22	23	24	25	26
27	28	29	30	31		

2022

January
MON	TUE	WED	THU	FRI	SAT	SUN
					1	2
3	4	5	6	7	8	9
10	11	12	13	14	15	16
17	18	19	20	21	22	23
24	25	26	27	28	29	30
31						

February
MON	TUE	WED	THU	FRI	SAT	SUN
	1	2	3	4	5	6
7	8	9	10	11	12	13
14	15	16	17	18	19	20
21	22	23	24	25	26	27
28						

March
MON	TUE	WED	THU	FRI	SAT	SUN
	1	2	3	4	5	6
7	8	9	10	11	12	13
14	15	16	17	18	19	20
21	22	23	24	25	26	27
28	29	30	31			

April
MON	TUE	WED	THU	FRI	SAT	SUN
				1	2	3
4	5	6	7	8	9	10
11	12	13	14	15	16	17
18	19	20	21	22	23	24
25	26	27	28	29	30	

May
MON	TUE	WED	THU	FRI	SAT	SUN
						1
2	3	4	5	6	7	8
9	10	11	12	13	14	15
16	17	18	19	20	21	22
23	24	25	26	27	28	29
30	31					

June
MON	TUE	WED	THU	FRI	SAT	SUN
		1	2	3	4	5
6	7	8	9	10	11	12
13	14	15	16	17	18	19
20	21	22	23	24	25	26
27	28	29	30			

July
MON	TUE	WED	THU	FRI	SAT	SUN
				1	2	3
4	5	6	7	8	9	10
11	12	13	14	15	16	17
18	19	20	21	22	23	24
25	26	27	28	29	30	31

August
MON	TUE	WED	THU	FRI	SAT	SUN
1	2	3	4	5	6	7
8	9	10	11	12	13	14
15	16	17	18	19	20	21
22	23	24	25	26	27	28
29	30	31				

September
MON	TUE	WED	THU	FRI	SAT	SUN
			1	2	3	4
5	6	7	8	9	10	11
12	13	14	15	16	17	18
19	20	21	22	23	24	25
26	27	28	29	30		

October
MON	TUE	WED	THU	FRI	SAT	SUN
					1	2
3	4	5	6	7	8	9
10	11	12	13	14	15	16
17	18	19	20	21	22	23
24	25	26	27	28	29	30
31						

November
MON	TUE	WED	THU	FRI	SAT	SUN
	1	2	3	4	5	6
7	8	9	10	11	12	13
14	15	16	17	18	19	20
21	22	23	24	25	26	27
28	29	30				

December
MON	TUE	WED	THU	FRI	SAT	SUN
			1	2	3	4
5	6	7	8	9	10	11
12	13	14	15	16	17	18
19	20	21	22	23	24	25
26	27	28	29	30	31	

2023

January
MON	TUE	WED	THU	FRI	SAT	SUN
						1
2	3	4	5	6	7	8
9	10	11	12	13	14	15
16	17	18	19	20	21	22
23	24	25	26	27	28	29
30	31					

February
MON	TUE	WED	THU	FRI	SAT	SUN
		1	2	3	4	5
6	7	8	9	10	11	12
13	14	15	16	17	18	19
20	21	22	23	24	25	26
27	28					

March
MON	TUE	WED	THU	FRI	SAT	SUN
		1	2	3	4	5
6	7	8	9	10	11	12
13	14	15	16	17	18	19
20	21	22	23	24	25	26
27	28	29	30	31		

April
MON	TUE	WED	THU	FRI	SAT	SUN
					1	2
3	4	5	6	7	8	9
10	11	12	13	14	15	16
17	18	19	20	21	22	23
24	25	26	27	28	29	30

May
MON	TUE	WED	THU	FRI	SAT	SUN
1	2	3	4	5	6	7
8	9	10	11	12	13	14
15	16	17	18	19	20	21
22	23	24	25	26	27	28
29	30	31				

June
MON	TUE	WED	THU	FRI	SAT	SUN
			1	2	3	4
5	6	7	8	9	10	11
12	13	14	15	16	17	18
19	20	21	22	23	24	25
26	27	28	29	30		

July
MON	TUE	WED	THU	FRI	SAT	SUN
					1	2
3	4	5	6	7	8	9
10	11	12	13	14	15	16
17	18	19	20	21	22	23
24	25	26	27	28	29	30
31						

August
MON	TUE	WED	THU	FRI	SAT	SUN
	1	2	3	4	5	6
7	8	9	10	11	12	13
14	15	16	17	18	19	20
21	22	23	24	25	26	27
28	29	30	31			

September
MON	TUE	WED	THU	FRI	SAT	SUN
				1	2	3
4	5	6	7	8	9	10
11	12	13	14	15	16	17
18	19	20	21	22	23	24
25	26	27	28	29	30	

October
MON	TUE	WED	THU	FRI	SAT	SUN
						1
2	3	4	5	6	7	8
9	10	11	12	13	14	15
16	17	18	19	20	21	22
23	24	25	26	27	28	29
30	31					

November
MON	TUE	WED	THU	FRI	SAT	SUN
		1	2	3	4	5
6	7	8	9	10	11	12
13	14	15	16	17	18	19
20	21	22	23	24	25	26
27	28	29	30			

December
MON	TUE	WED	THU	FRI	SAT	SUN
				1	2	3
4	5	6	7	8	9	10
11	12	13	14	15	16	17
18	19	20	21	22	23	24
25	26	27	28	29	30	31

2024

January
MON	TUE	WED	THU	FRI	SAT	SUN
1	2	3	4	5	6	7
8	9	10	11	12	13	14
15	16	17	18	19	20	21
22	23	24	25	26	27	28
29	30	31				

February
MON	TUE	WED	THU	FRI	SAT	SUN
			1	2	3	4
5	6	7	8	9	10	11
12	13	14	15	16	17	18
19	20	21	22	23	24	25
26	27	28	29			

March
MON	TUE	WED	THU	FRI	SAT	SUN
				1	2	3
4	5	6	7	8	9	10
11	12	13	14	15	16	17
18	19	20	21	22	23	24
25	26	27	28	29	30	31

April
MON	TUE	WED	THU	FRI	SAT	SUN
1	2	3	4	5	6	7
8	9	10	11	12	13	14
15	16	17	18	19	20	21
22	23	24	25	26	27	28
29	30					

May
MON	TUE	WED	THU	FRI	SAT	SUN
		1	2	3	4	5
6	7	8	9	10	11	12
13	14	15	16	17	18	19
20	21	22	23	24	25	26
27	28	29	30	31		

June
MON	TUE	WED	THU	FRI	SAT	SUN
					1	2
3	4	5	6	7	8	9
10	11	12	13	14	15	16
17	18	19	20	21	22	23
24	25	26	27	28	29	30

July
MON	TUE	WED	THU	FRI	SAT	SUN
1	2	3	4	5	6	7
8	9	10	11	12	13	14
15	16	17	18	19	20	21
22	23	24	25	26	27	28
29	30	31				

August
MON	TUE	WED	THU	FRI	SAT	SUN
			1	2	3	4
5	6	7	8	9	10	11
12	13	14	15	16	17	18
19	20	21	22	23	24	25
26	27	28	29	30	31	

September
MON	TUE	WED	THU	FRI	SAT	SUN
						1
2	3	4	5	6	7	8
9	10	11	12	13	14	15
16	17	18	19	20	21	22
23	24	25	26	27	28	29
30						

October
MON	TUE	WED	THU	FRI	SAT	SUN
	1	2	3	4	5	6
7	8	9	10	11	12	13
14	15	16	17	18	19	20
21	22	23	24	25	26	27
28	29	30	31			

November
MON	TUE	WED	THU	FRI	SAT	SUN
				1	2	3
4	5	6	7	8	9	10
11	12	13	14	15	16	17
18	19	20	21	22	23	24
25	26	27	28	29	30	

December
MON	TUE	WED	THU	FRI	SAT	SUN
						1
2	3	4	5	6	7	8
9	10	11	12	13	14	15
16	17	18	19	20	21	22
23	24	25	26	27	28	29
30	31					

2025

January
MON	TUE	WED	THU	FRI	SAT	SUN
		1	2	3	4	5
6	7	8	9	10	11	12
13	14	15	16	17	18	19
20	21	22	23	24	25	26
27	28	29	30	31		

February
MON	TUE	WED	THU	FRI	SAT	SUN
					1	2
3	4	5	6	7	8	9
10	11	12	13	14	15	16
17	18	19	20	21	22	23
24	25	26	27	28		

March
MON	TUE	WED	THU	FRI	SAT	SUN
					1	2
3	4	5	6	7	8	9
10	11	12	13	14	15	16
17	18	19	20	21	22	23
24	25	26	27	28	29	30
31						

April
MON	TUE	WED	THU	FRI	SAT	SUN
	1	2	3	4	5	6
7	8	9	10	11	12	13
14	15	16	17	18	19	20
21	22	23	24	25	26	27
28	29	30				

May
MON	TUE	WED	THU	FRI	SAT	SUN
			1	2	3	4
5	6	7	8	9	10	11
12	13	14	15	16	17	18
19	20	21	22	23	24	25
26	27	28	29	30	31	

June
MON	TUE	WED	THU	FRI	SAT	SUN
						1
2	3	4	5	6	7	8
9	10	11	12	13	14	15
16	17	18	19	20	21	22
23	24	25	26	27	28	29
30						

July
MON	TUE	WED	THU	FRI	SAT	SUN
	1	2	3	4	5	6
7	8	9	10	11	12	13
14	15	16	17	18	19	20
21	22	23	24	25	26	27
28	29	30	31			

August
MON	TUE	WED	THU	FRI	SAT	SUN
				1	2	3
4	5	6	7	8	9	10
11	12	13	14	15	16	17
18	19	20	21	22	23	24
25	26	27	28	29	30	31

September
MON	TUE	WED	THU	FRI	SAT	SUN
1	2	3	4	5	6	7
8	9	10	11	12	13	14
15	16	17	18	19	20	21
22	23	24	25	26	27	28
29	30					

October
MON	TUE	WED	THU	FRI	SAT	SUN
		1	2	3	4	5
6	7	8	9	10	11	12
13	14	15	16	17	18	19
20	21	22	23	24	25	26
27	28	29	30	31		

November
MON	TUE	WED	THU	FRI	SAT	SUN
					1	2
3	4	5	6	7	8	9
10	11	12	13	14	15	16
17	18	19	20	21	22	23
24	25	26	27	28	29	30

December
MON	TUE	WED	THU	FRI	SAT	SUN
1	2	3	4	5	6	7
8	9	10	11	12	13	14
15	16	17	18	19	20	21
22	23	24	25	26	27	28
29	30	31				

2021

January

MON	TUE	WED	THU	FRI	SAT	SUN
				1	2	3
4	5	6	7	8	9	10
11	12	13	14	15	16	17
18	19	20	21	22	23	24
25	26	27	28	29	30	31

February

MON	TUE	WED	THU	FRI	SAT	SUN
1	2	3	4	5	6	7
8	9	10	11	12	13	14
15	16	17	18	19	20	21
22	23	24	25	26	27	28

March

MON	TUE	WED	THU	FRI	SAT	SUN
1	2	3	4	5	6	7
8	9	10	11	12	13	14
15	16	17	18	19	20	21
22	23	24	25	26	27	28
29	30	31				

April

MON	TUE	WED	THU	FRI	SAT	SUN
			1	2	3	4
5	6	7	8	9	10	11
12	13	14	15	16	17	18
19	20	21	22	23	24	25
26	27	28	29	30		

May

MON	TUE	WED	THU	FRI	SAT	SUN
					1	2
3	4	5	6	7	8	9
10	11	12	13	14	15	16
17	18	19	20	21	22	23
24	25	26	27	28	29	30
31						

June

MON	TUE	WED	THU	FRI	SAT	SUN
	1	2	3	4	5	6
7	8	9	10	11	12	13
14	15	16	17	18	19	20
21	22	23	24	25	26	27
28	29	30				

Notes

_____
_____
_____
_____
_____
_____
_____
_____
_____
_____

2021

July

MON	TUE	WED	THU	FRI	SAT	SUN
			1	2	3	4
5	6	7	8	9	10	11
12	13	14	15	16	17	18
19	20	21	22	23	24	25
26	27	28	29	30	31	

August

MON	TUE	WED	THU	FRI	SAT	SUN
						1
2	3	4	5	6	7	8
9	10	11	12	13	14	15
16	17	18	19	20	21	22
23	24	25	26	27	28	29
30	31					

September

MON	TUE	WED	THU	FRI	SAT	SUN
		1	2	3	4	5
6	7	8	9	10	11	12
13	14	15	16	17	18	19
20	21	22	23	24	25	26
27	28	29	30			

October

MON	TUE	WED	THU	FRI	SAT	SUN
				1	2	3
4	5	6	7	8	9	10
11	12	13	14	15	16	17
18	19	20	21	22	23	24
25	26	27	28	29	30	31

November

MON	TUE	WED	THU	FRI	SAT	SUN
1	2	3	4	5	6	7
8	9	10	11	12	13	14
15	16	17	18	19	20	21
22	23	24	25	26	27	28
29	30					

December

MON	TUE	WED	THU	FRI	SAT	SUN
		1	2	3	4	5
6	7	8	9	10	11	12
13	14	15	16	17	18	19
20	21	22	23	24	25	26
27	28	29	30	31		

Notes

_____

_____

_____

_____

_____

_____

_____

_____

2022

January

MON	TUE	WED	THU	FRI	SAT	SUN
					1	2
3	4	5	6	7	8	9
10	11	12	13	14	15	16
17	18	19	20	21	22	23
24	25	26	27	28	29	30
31						

February

MON	TUE	WED	THU	FRI	SAT	SUN
	1	2	3	4	5	6
7	8	9	10	11	12	13
14	15	16	17	18	19	20
21	22	23	24	25	26	27
28						

March

MON	TUE	WED	THU	FRI	SAT	SUN
	1	2	3	4	5	6
7	8	9	10	11	12	13
14	15	16	17	18	19	20
21	22	23	24	25	26	27
28	29	30	31			

April

MON	TUE	WED	THU	FRI	SAT	SUN
				1	2	3
4	5	6	7	8	9	10
11	12	13	14	15	16	17
18	19	20	21	22	23	24
25	26	27	28	29	30	

May

MON	TUE	WED	THU	FRI	SAT	SUN
						1
2	3	4	5	6	7	8
9	10	11	12	13	14	15
16	17	18	19	20	21	22
23	24	25	26	27	28	29
30	31					

June

MON	TUE	WED	THU	FRI	SAT	SUN
		1	2	3	4	5
6	7	8	9	10	11	12
13	14	15	16	17	18	19
20	21	22	23	24	25	26
27	28	29	30			

Notes

2022

July

MON	TUE	WED	THU	FRI	SAT	SUN
				1	2	3
4	5	6	7	8	9	10
11	12	13	14	15	16	17
18	19	20	21	22	23	24
25	26	27	28	29	30	31

August

MON	TUE	WED	THU	FRI	SAT	SUN
1	2	3	4	5	6	7
8	9	10	11	12	13	14
15	16	17	18	19	20	21
22	23	24	25	26	27	28
29	30	31				

September

MON	TUE	WED	THU	FRI	SAT	SUN
			1	2	3	4
5	6	7	8	9	10	11
12	13	14	15	16	17	18
19	20	21	22	23	24	25
26	27	28	29	30		

October

MON	TUE	WED	THU	FRI	SAT	SUN
					1	2
3	4	5	6	7	8	9
10	11	12	13	14	15	16
17	18	19	20	21	22	23
24	25	26	27	28	29	30
31						

November

MON	TUE	WED	THU	FRI	SAT	SUN
	1	2	3	4	5	6
7	8	9	10	11	12	13
14	15	16	17	18	19	20
21	22	23	24	25	26	27
28	29	30				

December

MON	TUE	WED	THU	FRI	SAT	SUN
			1	2	3	4
5	6	7	8	9	10	11
12	13	14	15	16	17	18
19	20	21	22	23	24	25
26	27	28	29	30	31	

Notes

_____
_____
_____
_____
_____
_____
_____
_____
_____
_____

2023

January

MON	TUE	WED	THU	FRI	SAT	SUN
						1
2	3	4	5	6	7	8
9	10	11	12	13	14	15
16	17	18	19	20	21	22
23	24	25	26	27	28	29
30	31					

February

MON	TUE	WED	THU	FRI	SAT	SUN
		1	2	3	4	5
6	7	8	9	10	11	12
13	14	15	16	17	18	19
20	21	22	23	24	25	26
27	28					

March

MON	TUE	WED	THU	FRI	SAT	SUN
		1	2	3	4	5
6	7	8	9	10	11	12
13	14	15	16	17	18	19
20	21	22	23	24	25	26
27	28	29	30	31		

April

MON	TUE	WED	THU	FRI	SAT	SUN
					1	2
3	4	5	6	7	8	9
10	11	12	13	14	15	16
17	18	19	20	21	22	23
24	25	26	27	28	29	30

May

MON	TUE	WED	THU	FRI	SAT	SUN
1	2	3	4	5	6	7
8	9	10	11	12	13	14
15	16	17	18	19	20	21
22	23	24	25	26	27	28
29	30	31				

June

MON	TUE	WED	THU	FRI	SAT	SUN
			1	2	3	4
5	6	7	8	9	10	11
12	13	14	15	16	17	18
19	20	21	22	23	24	25
26	27	28	29	30		

Notes

_____
_____
_____
_____
_____
_____
_____
_____
_____

2023

July

MON	TUE	WED	THU	FRI	SAT	SUN
					1	2
3	4	5	6	7	8	9
10	11	12	13	14	15	16
17	18	19	20	21	22	23
24	25	26	27	28	29	30
31						

August

MON	TUE	WED	THU	FRI	SAT	SUN
	1	2	3	4	5	6
7	8	9	10	11	12	13
14	15	16	17	18	19	20
21	22	23	24	25	26	27
28	29	30	31			

September

MON	TUE	WED	THU	FRI	SAT	SUN
				1	2	3
4	5	6	7	8	9	10
11	12	13	14	15	16	17
18	19	20	21	22	23	24
25	26	27	28	29	30	

October

MON	TUE	WED	THU	FRI	SAT	SUN
						1
2	3	4	5	6	7	8
9	10	11	12	13	14	15
16	17	18	19	20	21	22
23	24	25	26	27	28	29
30	31					

November

MON	TUE	WED	THU	FRI	SAT	SUN
		1	2	3	4	5
6	7	8	9	10	11	12
13	14	15	16	17	18	19
20	21	22	23	24	25	26
27	28	29	30			

December

MON	TUE	WED	THU	FRI	SAT	SUN
				1	2	3
4	5	6	7	8	9	10
11	12	13	14	15	16	17
18	19	20	21	22	23	24
25	26	27	28	29	30	31

Notes

_____
_____
_____
_____
_____
_____
_____
_____
_____

2024

January

MON	TUE	WED	THU	FRI	SAT	SUN
1	2	3	4	5	6	7
8	9	10	11	12	13	14
15	16	17	18	19	20	21
22	23	24	25	26	27	28
29	30	31				

February

MON	TUE	WED	THU	FRI	SAT	SUN
			1	2	3	4
5	6	7	8	9	10	11
12	13	14	15	16	17	18
19	20	21	22	23	24	25
26	27	28	29			

March

MON	TUE	WED	THU	FRI	SAT	SUN
				1	2	3
4	5	6	7	8	9	10
11	12	13	14	15	16	17
18	19	20	21	22	23	24
25	26	27	28	29	30	31

April

MON	TUE	WED	THU	FRI	SAT	SUN
1	2	3	4	5	6	7
8	9	10	11	12	13	14
15	16	17	18	19	20	21
22	23	24	25	26	27	28
29	30					

May

MON	TUE	WED	THU	FRI	SAT	SUN
		1	2	3	4	5
6	7	8	9	10	11	12
13	14	15	16	17	18	19
20	21	22	23	24	25	26
27	28	29	30	31		

June

MON	TUE	WED	THU	FRI	SAT	SUN
					1	2
3	4	5	6	7	8	9
10	11	12	13	14	15	16
17	18	19	20	21	22	23
24	25	26	27	28	29	30

Notes

_____
_____
_____
_____
_____
_____
_____
_____

2024

July

MON	TUE	WED	THU	FRI	SAT	SUN
1	2	3	4	5	6	7
8	9	10	11	12	13	14
15	16	17	18	19	20	21
22	23	24	25	26	27	28
29	30	31				

August

MON	TUE	WED	THU	FRI	SAT	SUN
			1	2	3	4
5	6	7	8	9	10	11
12	13	14	15	16	17	18
19	20	21	22	23	24	25
26	27	28	29	30	31	

September

MON	TUE	WED	THU	FRI	SAT	SUN
						1
2	3	4	5	6	7	8
9	10	11	12	13	14	15
16	17	18	19	20	21	22
23	24	25	26	27	28	29
30						

October

MON	TUE	WED	THU	FRI	SAT	SUN
	1	2	3	4	5	6
7	8	9	10	11	12	13
14	15	16	17	18	19	20
21	22	23	24	25	26	27
28	29	30	31			

November

MON	TUE	WED	THU	FRI	SAT	SUN
				1	2	3
4	5	6	7	8	9	10
11	12	13	14	15	16	17
18	19	20	21	22	23	24
25	26	27	28	29	30	

December

MON	TUE	WED	THU	FRI	SAT	SUN
						1
2	3	4	5	6	7	8
9	10	11	12	13	14	15
16	17	18	19	20	21	22
23	24	25	26	27	28	29
30	31					

Notes

2025

January

MON	TUE	WED	THU	FRI	SAT	SUN
		1	2	3	4	5
6	7	8	9	10	11	12
13	14	15	16	17	18	19
20	21	22	23	24	25	26
27	28	29	30	31		

February

MON	TUE	WED	THU	FRI	SAT	SUN
					1	2
3	4	5	6	7	8	9
10	11	12	13	14	15	16
17	18	19	20	21	22	23
24	25	26	27	28		

March

MON	TUE	WED	THU	FRI	SAT	SUN
					1	2
3	4	5	6	7	8	9
10	11	12	13	14	15	16
17	18	19	20	21	22	23
24	25	26	27	28	29	30
31						

April

MON	TUE	WED	THU	FRI	SAT	SUN
	1	2	3	4	5	6
7	8	9	10	11	12	13
14	15	16	17	18	19	20
21	22	23	24	25	26	27
28	29	30				

May

MON	TUE	WED	THU	FRI	SAT	SUN
			1	2	3	4
5	6	7	8	9	10	11
12	13	14	15	16	17	18
19	20	21	22	23	24	25
26	27	28	29	30	31	

June

MON	TUE	WED	THU	FRI	SAT	SUN
						1
2	3	4	5	6	7	8
9	10	11	12	13	14	15
16	17	18	19	20	21	22
23	24	25	26	27	28	29
30						

Notes

_____
_____
_____
_____
_____
_____
_____
_____
_____
_____

2025

July

MON	TUE	WED	THU	FRI	SAT	SUN
	1	2	3	4	5	6
7	8	9	10	11	12	13
14	15	16	17	18	19	20
21	22	23	24	25	26	27
28	29	30	31			

August

MON	TUE	WED	THU	FRI	SAT	SUN
				1	2	3
4	5	6	7	8	9	10
11	12	13	14	15	16	17
18	19	20	21	22	23	24
25	26	27	28	29	30	31

September

MON	TUE	WED	THU	FRI	SAT	SUN
1	2	3	4	5	6	7
8	9	10	11	12	13	14
15	16	17	18	19	20	21
22	23	24	25	26	27	28
29	30					

October

MON	TUE	WED	THU	FRI	SAT	SUN
		1	2	3	4	5
6	7	8	9	10	11	12
13	14	15	16	17	18	19
20	21	22	23	24	25	26
27	28	29	30	31		

November

MON	TUE	WED	THU	FRI	SAT	SUN
					1	2
3	4	5	6	7	8	9
10	11	12	13	14	15	16
17	18	19	20	21	22	23
24	25	26	27	28	29	30

December

MON	TUE	WED	THU	FRI	SAT	SUN
1	2	3	4	5	6	7
8	9	10	11	12	13	14
15	16	17	18	19	20	21
22	23	24	25	26	27	28
29	30	31				

Notes

_____
_____
_____
_____
_____
_____
_____
_____
_____
_____

YEARLY PLANNER 2021

	January	February	March	April	May	June
1						
2						
3						
4						
5						
6						
7						
8						
9						
10						
11						
12						
13						
14						
15						
16						
17						
18						
19						
20						
21						
22						
23						
24						
25						
26						
27						
28						
29						
30						
31						

YEARLY PLANNER 2021

	July	August	September	October	November	December
1						
2						
3						
4						
5						
6						
7						
8						
9						
10						
11						
12						
13						
14						
15						
16						
17						
18						
19						
20						
21						
22						
23						
24						
25						
26						
27						
28						
29						
30						
31						

YEARLY PLANNER 2022

	January	February	March	April	May	June
1						
2						
3						
4						
5						
6						
7						
8						
9						
10						
11						
12						
13						
14						
15						
16						
17						
18						
19						
20						
21						
22						
23						
24						
25						
26						
27						
28						
29						
30						
31						

YEARLY PLANNER 2022

	July	August	September	October	November	December
1						
2						
3						
4						
5						
6						
7						
8						
9						
10						
11						
12						
13						
14						
15						
16						
17						
18						
19						
20						
21						
22						
23						
24						
25						
26						
27						
28						
29						
30						
31						

YEARLY PLANNER 2023

	January	February	March	April	May	June
1						
2						
3						
4						
5						
6						
7						
8						
9						
10						
11						
12						
13						
14						
15						
16						
17						
18						
19						
20						
21						
22						
23						
24						
25						
26						
27						
28						
29						
30						
31						

YEARLY PLANNER 2023

	July	August	September	October	November	December
1						
2						
3						
4						
5						
6						
7						
8						
9						
10						
11						
12						
13						
14						
15						
16						
17						
18						
19						
20						
21						
22						
23						
24						
25						
26						
27						
28						
29						
30						
31						

YEARLY PLANNER 2024

	January	February	March	April	May	June
1						
2						
3						
4						
5						
6						
7						
8						
9						
10						
11						
12						
13						
14						
15						
16						
17						
18						
19						
20						
21						
22						
23						
24						
25						
26						
27						
28						
29						
30						
31						

YEARLY PLANNER 2024

	July	August	September	October	November	December
1						
2						
3						
4						
5						
6						
7						
8						
9						
10						
11						
12						
13						
14						
15						
16						
17						
18						
19						
20						
21						
22						
23						
24						
25						
26						
27						
28						
29						
30						
31						

YEARLY PLANNER 2025

	January	February	March	April	May	June
1						
2						
3						
4						
5						
6						
7						
8						
9						
10						
11						
12						
13						
14						
15						
16						
17						
18						
19						
20						
21						
22						
23						
24						
25						
26						
27						
28						
29						
30						
31						

YEARLY PLANNER 2025

	July	August	September	October	November	December
1						
2						
3						
4						
5						
6						
7						
8						
9						
10						
11						
12						
13						
14						
15						
16						
17						
18						
19						
20						
21						
22						
23						
24						
25						
26						
27						
28						
29						
30						
31						

January 2021

MONDAY	TUESDAY	WEDNESDAY	THURSDAY
28	29	30	31
4	5	6	7
11	12	13	14
18	19	20	21
25	26	27	28

January 2021

FRIDAY	SATURDAY	SUNDAY	NOTES
1	2	3	_____
8	9	10	_____
15	16	17	_____
22	23	24	_____
29	30	31	_____

February 2021

MONDAY	TUESDAY	WEDNESDAY	THURSDAY
1	2	3	4
8	9	10	11
15	16	17	18
22	23	24	25

February 2021

FRIDAY	SATURDAY	SUNDAY	NOTES
5	6	7	_____
12	13	14	_____
19	20	21	_____
26	27	28	_____

March 2021

MONDAY	TUESDAY	WEDNESDAY	THURSDAY
	1	2	3	4
8	9	10	11
15	16	17	18
22	23	24	25
29	30	31	

March 2021

FRIDAY	SATURDAY	SUNDAY	NOTES
5	6	7	
12	13	14	
19	20	21	
26	27	28	

April 2021

MONDAY	TUESDAY	WEDNESDAY	THURSDAY
29	30	31	1
5	6	7	8
12	13	14	15
19	20	21	22
26	27	28	29

April 2021

FRIDAY	SATURDAY	SUNDAY	NOTES
	2	3	4
9	10	11	
16	17	18	
23	24	25	
30			

May 2021

MONDAY	TUESDAY	WEDNESDAY	THURSDAY
26	27	28	29
3	4	5	6
10	11	12	13
17	18	19	20
24	25	26	27
31	1	2	3

May 2021

FRIDAY	SATURDAY	SUNDAY	NOTES
		1	2
7	8	9	
14	15	16	
21	22	23	
28	29	30	
4	5	6	

June 2021

MONDAY	TUESDAY	WEDNESDAY	THURSDAY
31	1	2	3
7	8	9	10
14	15	16	17
21	22	23	24
28	29	30	

June 2021

FRIDAY	SATURDAY	SUNDAY	NOTES
4	5	6	
11	12	13	
18	19	20	
25	26	27	

July 2021

MONDAY	TUESDAY	WEDNESDAY	THURSDAY
28	29	30	1
5	6	7	8
12	13	14	15
19	20	21	22
26	27	28	29

July 2021

FRIDAY	SATURDAY	SUNDAY	NOTES
2	3	4	
9	10	11	
16	17	18	
23	24	25	
30	31		

August 2021

MONDAY	TUESDAY	WEDNESDAY	THURSDAY
26	27	28	29
2	3	4	5
9	10	11	12
16	17	18	19
23	24	25	26
30	31	1	2

August 2021

FRIDAY	SATURDAY	SUNDAY	NOTES
		1	_____
6	7	8	_____
13	14	15	_____
20	21	22	_____
27	28	29	_____

September 2021

MONDAY	TUESDAY	WEDNESDAY	THURSDAY
30	31	1	2
6	7	8	9
13	14	15	16
20	21	22	23
27	28	29	30

September

September 2021

FRIDAY	SATURDAY	SUNDAY	NOTES
3	4	5	
10	11	12	
17	18	19	
24	25	26	

October 2021

MONDAY	TUESDAY	WEDNESDAY	THURSDAY
27	28	29	30
4	5	6	7
11	12	13	14
18	19	20	21
25	26	27	28

October 2021

FRIDAY	SATURDAY	SUNDAY	NOTES
1	2	3	_____
8	9	10	_____
15	16	17	_____
22	23	24	_____
29	30	31	_____

November 2021

MONDAY	TUESDAY	WEDNESDAY	THURSDAY
	1	2	3	4
8	9	10	11
15	16	17	18
22	23	24	25
29	30		

November 2021

FRIDAY	SATURDAY	SUNDAY	NOTES
5	6	7	_____
12	13	14	_____
19	20	21	_____
26	27	28	_____

November

December 2021

MONDAY	TUESDAY	WEDNESDAY	THURSDAY
29	30	1	2
6	7	8	9
13	14	15	16
20	21	22	23
27	28	29	30

December 2021

FRIDAY	SATURDAY	SUNDAY	NOTES
3	4	5	_____
			_____
10	11	12	_____
			_____
17	18	19	_____
			_____
24	25	26	_____
			_____
31			_____

January 2022

MONDAY	TUESDAY	WEDNESDAY	THURSDAY
3	4	5	6
10	11	12	13
17	18	19	20
24	25	26	27
31			

January 2022

FRIDAY	SATURDAY	SUNDAY	NOTES
	1	2	
7	8	9	
14	15	16	
21	22	23	
28	29	30	

February 2022

MONDAY	TUESDAY	WEDNESDAY	THURSDAY
		1	2	3
7	8	9	10
14	15	16	17
21	22	23	24
28			

February 2022

FRIDAY	SATURDAY	SUNDAY	NOTES
4	5	6	_____
11	12	13	_____
18	19	20	_____
25	26	27	_____

March 2022

MONDAY	TUESDAY	WEDNESDAY	THURSDAY
	1	2	3
7	8	9	10
14	15	16	17
21	22	23	24
28	29	30	31

March 2022

FRIDAY	SATURDAY	SUNDAY	NOTES
4	5	6	
11	12	13	
18	19	20	
25	26	27	

April 2022

MONDAY	TUESDAY	WEDNESDAY	THURSDAY
4	5	6	7
11	12	13	14
18	19	20	21
25	26	27	28

April 2022

FRIDAY	SATURDAY	SUNDAY	NOTES
1	2	3	
8	9	10	
15	16	17	
22	23	24	
29	30		

May 2022

MONDAY	TUESDAY	WEDNESDAY	THURSDAY
2	3	4	5
9	10	11	12
16	17	18	19
23	24	25	26
30	31		

May 2022

FRIDAY	SATURDAY	SUNDAY	NOTES
		1	_____
6	7	8	_____
13	14	15	_____
20	21	22	_____
27	28	29	_____

June 2022

MONDAY	TUESDAY	WEDNESDAY	THURSDAY
		1	2
6	7	8	9
13	14	15	16
20	21	22	23
27	28	29	30

June

June 2022

FRIDAY	SATURDAY	SUNDAY	NOTES
3	4	5	
10	11	12	
17	18	19	
24	25	26	

July 2022

MONDAY	TUESDAY	WEDNESDAY	THURSDAY
4	5	6	7
11	12	13	14
18	19	20	21
25	26	27	28

July 2022

FRIDAY	SATURDAY	SUNDAY	NOTES
1	2	3	
8	9	10	
15	16	17	
22	23	24	
29	30	31	

August 2022

MONDAY	TUESDAY	WEDNESDAY	THURSDAY
1	2	3	4
8	9	10	11
15	16	17	18
22	23	24	25
29	30	31	

August 2022

FRIDAY	SATURDAY	SUNDAY	NOTES
5	6	7	_____
12	13	14	_____
19	20	21	_____
26	27	28	_____

September 2022

MONDAY	TUESDAY	WEDNESDAY	THURSDAY
			1
5	6	7	8
12	13	14	15
19	20	21	22
26	27	28	29

September 2022

FRIDAY	SATURDAY	SUNDAY	NOTES
3	4	5	
10	11	12	
17	18	19	
24	25	26	
30			

September

October 2022

MONDAY	TUESDAY	WEDNESDAY	THURSDAY
3	4	5	6
10	11	12	13
17	18	19	20
24	25	26	27
31			

October 2022

FRIDAY	SATURDAY	SUNDAY	NOTES
	1	2	
7	8	9	
14	15	16	
21	22	23	
28	29	30	

November 2022

MONDAY	TUESDAY	WEDNESDAY	THURSDAY
	1	2	3
7	8	9	10
14	15	16	17
21	22	23	24
28	29	30	

November 2022

FRIDAY	SATURDAY	SUNDAY	NOTES
4	5	6	
11	12	13	
18	19	20	
25	26	27	

December 2022

MONDAY	TUESDAY	WEDNESDAY	THURSDAY
			1
5	6	7	8
12	13	14	15
19	20	21	22
26	27	28	29

December 2022

FRIDAY	SATURDAY	SUNDAY	NOTES
2	3	4	_____
			_____
9	10	11	_____
			_____
16	17	18	_____
			_____
23	24	25	_____
30	31		_____

January 2023

MONDAY	TUESDAY	WEDNESDAY	THURSDAY
2	3	4	5
9	10	11	12
16	17	18	19
23	24	25	26
30	31		

January 2023

FRIDAY	SATURDAY	SUNDAY	NOTES
		1	_____
6	7	8	_____
13	14	15	_____
20	21	22	_____
27	28	29	_____

February 2023

MONDAY	TUESDAY	WEDNESDAY	THURSDAY
		1	2
6	7	8	9
13	14	15	16
20	21	22	23
27	28		

February 2023

FRIDAY	SATURDAY	SUNDAY	NOTES
3	4	5	_____
10	11	12	_____
17	18	19	_____
24	25	26	_____

March 2023

MONDAY	TUESDAY	WEDNESDAY	THURSDAY
		1	2
6	7	8	9
13	14	15	16
20	21	22	23
27	28	29	30

March 2023

FRIDAY	SATURDAY	SUNDAY	NOTES
3	4	5	
10	11	12	
17	18	19	
24	25	26	
31			

April 2023

MONDAY	TUESDAY	WEDNESDAY	THURSDAY
	3	4	5	6
10	11	12	13
17	18	19	20
24	25	26	27

April 2023

FRIDAY	SATURDAY	SUNDAY	NOTES
		1	2
7	8	9	
14	15	16	
21	22	23	
28	29	30	

May 2023

MONDAY	TUESDAY	WEDNESDAY	THURSDAY
1	2	3	4
8	9	10	11
15	16	17	18
22	23	24	25
29	30	31	

May 2023

FRIDAY	SATURDAY	SUNDAY	NOTES
5	6	7	
12	13	14	
19	20	21	
26	27	28	

June 2023

MONDAY	TUESDAY	WEDNESDAY	THURSDAY
			1
5	6	7	8
12	13	14	15
19	20	21	22
26	27	28	29

June

June 2023

FRIDAY	SATURDAY	SUNDAY	NOTES
	2	3	4
	9	10	11
	16	17	18
	23	24	25
	30		

July 2023

MONDAY	TUESDAY	WEDNESDAY	THURSDAY
3	4	5	6
10	11	12	13
17	18	19	20
24	25	26	27
31			

July 2023

FRIDAY	SATURDAY	SUNDAY	NOTES
	1	2	_____
7	8	9	_____
14	15	16	_____
21	22	23	_____
28	29	30	_____

August 2023

MONDAY	TUESDAY	WEDNESDAY	THURSDAY
	1	2	3
7	8	9	10
14	15	16	17
21	22	23	24
28	29	30	31

August 2023

FRIDAY	SATURDAY	SUNDAY	NOTES
4	5	6	
11	12	13	
18	19	20	
25	26	27	

September 2023

MONDAY	TUESDAY	WEDNESDAY	THURSDAY
4	5	6	7
11	12	13	14
18	19	20	21
25	26	27	28

September

September 2023

FRIDAY	SATURDAY	SUNDAY	NOTES
1	2	3	
8	9	10	
15	16	17	
22	23	24	
29	30		

October 2023

MONDAY	TUESDAY	WEDNESDAY	THURSDAY
2	3	4	5
9	10	11	12
16	17	18	19
23	24	25	26
30	31		

October 2023

FRIDAY	SATURDAY	SUNDAY	NOTES
		1	
6	7	8	
13	14	15	
20	21	22	
27	28	29	

November 2023

MONDAY	TUESDAY	WEDNESDAY	THURSDAY
		1	2
6	7	8	9
13	14	15	16
20	21	22	23
27	28	29	30

November 2023

FRIDAY	SATURDAY	SUNDAY	NOTES
3	4	5	
10	11	12	
17	18	19	
24	25	26	

December 2023

MONDAY	TUESDAY	WEDNESDAY	THURSDAY
4	5	6	7
11	12	13	14
18	19	20	21
25	26	27	28

December 2023

December 2023

FRIDAY	SATURDAY	SUNDAY	NOTES
1	2	3	_____
8	9	10	_____
15	16	17	_____
22	23	24	_____
29	30	31	_____

January 2024

MONDAY	TUESDAY	WEDNESDAY	THURSDAY
1	2	3	4
8	9	10	11
15	16	17	18
22	23	24	25
29	30	31	

January 2024

FRIDAY	SATURDAY	SUNDAY	NOTES
5	6	7	
12	13	14	
19	20	21	
26	27	28	

February 2024

MONDAY	TUESDAY	WEDNESDAY	THURSDAY
			1
5	6	7	8
12	13	14	15
19	20	21	22
26	27	28	29

February 2024

FRIDAY	SATURDAY	SUNDAY	NOTES
2	3	4	_____
9	10	11	_____
16	17	18	_____
23	24	25	_____

March 2024

MONDAY	TUESDAY	WEDNESDAY	THURSDAY
4	5	6	7
11	12	13	14
18	19	20	21
25	26	27	28

March 2024

FRIDAY	SATURDAY	SUNDAY	NOTES
	1	2	3
	8	9	10
	15	16	17
	22	23	24
	29	30	31

April 2024

MONDAY	TUESDAY	WEDNESDAY	THURSDAY
1	2	3	4
8	9	10	11
15	16	17	18
22	23	24	25
29	30		

April 2024

FRIDAY	SATURDAY	SUNDAY	NOTES
	5	6	7
	12	13	14
	19	20	21
	26	27	28

May 2024

MONDAY	TUESDAY	WEDNESDAY	THURSDAY
		1	2
6	7	8	9
13	14	15	16
20	21	22	23
27	28	29	30

May

May 2024

FRIDAY	SATURDAY	SUNDAY	NOTES
3	4	5	
10	11	12	
17	18	19	
24	25	26	
31			

June 2024

MONDAY	TUESDAY	WEDNESDAY	THURSDAY
3	4	5	6
10	11	12	13
17	18	19	20
24	25	26	27

June

June 2024

FRIDAY	SATURDAY	SUNDAY	NOTES
		1	2
7	8	9	
14	15	16	
21	22	23	
28	29	30	

July 2024

MONDAY	TUESDAY	WEDNESDAY	THURSDAY
	1	2	3	4
8	9	10	11
15	16	17	18
22	23	24	25
29	30	31	

July 2024

FRIDAY	SATURDAY	SUNDAY	NOTES
5	6	7	_____
12	13	14	_____
19	20	21	_____
26	27	28	_____

August 2024

MONDAY	TUESDAY	WEDNESDAY	THURSDAY
			1
5	6	7	8
12	13	14	15
19	20	21	22
26	27	28	29

August 2024

FRIDAY	SATURDAY	SUNDAY	NOTES
2	3	4	
9	10	11	
16	17	18	
23	24	25	
30	31		

September 2024

MONDAY	TUESDAY	WEDNESDAY	THURSDAY
2	3	4	5
9	10	11	12
16	17	18	19
23	24	25	26
30			

September 2024

FRIDAY	SATURDAY	SUNDAY	NOTES
		1	
6	7	8	
13	14	15	
20	21	22	
27	28	29	

October 2024

MONDAY	TUESDAY	WEDNESDAY	THURSDAY
	1	2	3
7	8	9	10
14	15	16	17
21	22	23	24
28	29	30	31

October 2024

FRIDAY	SATURDAY	SUNDAY	NOTES
4	5	6	
11	12	13	
18	19	20	
25	26	27	

November 2024

MONDAY	TUESDAY	WEDNESDAY	THURSDAY
4	5	6	7
11	12	13	14
18	19	20	21
25	26	27	28

November

November 2024

FRIDAY	SATURDAY	SUNDAY	NOTES
1	2	3	
8	9	10	
15	16	17	
22	23	24	
29	30		

December 2024

MONDAY	TUESDAY	WEDNESDAY	THURSDAY
2	3	4	5
9	10	11	12
16	17	18	19
23	24	25	26
30	31		

December 2024

FRIDAY	SATURDAY	SUNDAY	NOTES
		1	_____
6	7	8	_____
13	14	15	_____
20	21	22	_____
27	28	29	_____

January 2025

MONDAY	TUESDAY	WEDNESDAY	THURSDAY
		1	2
6	7	8	9
13	14	15	16
20	21	22	23
27	28	29	30

January

January 2025

FRIDAY	SATURDAY	SUNDAY	NOTES
3	4	5	
10	11	12	
17	18	19	
24	25	26	
31			

February 2025

MONDAY	TUESDAY	WEDNESDAY	THURSDAY
6	7	8	9
10	11	12	13
17	18	19	20
24	25	26	27

February 2025

FRIDAY	SATURDAY	SUNDAY	NOTES
		1	2
7	8	9	
14	15	16	
21	22	23	
28			

March 2025

MONDAY	TUESDAY	WEDNESDAY	THURSDAY
3	4	5	6
10	11	12	13
17	18	19	20
24	25	26	27
31			

March

March 2025

FRIDAY	SATURDAY	SUNDAY	NOTES
		1	2
7	8	9	
14	15	16	
21	22	23	
28	29	30	

April 2025

MONDAY	TUESDAY	WEDNESDAY	THURSDAY
	1	2	3
7	8	9	10
14	15	16	17
21	22	23	24
28	29	30	

April 2025

FRIDAY	SATURDAY	SUNDAY	NOTES
4	5	6	
11	12	13	
18	19	20	
25	26	27	

May 2025

MONDAY	TUESDAY	WEDNESDAY	THURSDAY
			1
5	6	7	8
12	13	14	15
19	20	21	22
26	27	28	29

May 2025

FRIDAY	SATURDAY	SUNDAY	NOTES
	2	3	4
	9	10	11
	16	17	18
	23	24	25
	30	31	

June 2025

MONDAY	TUESDAY	WEDNESDAY	THURSDAY
2	3	4	5
9	10	11	12
16	17	18	19
23	24	25	26
30			

June 2025

FRIDAY	SATURDAY	SUNDAY	NOTES
		1	
6	7	8	
13	14	15	
20	21	22	
27	28	29	

July 2025

MONDAY	TUESDAY	WEDNESDAY	THURSDAY
		1	2	3
7	8	9	10
14	15	16	17
21	22	23	24
28	29	30	31

July 2025

FRIDAY	SATURDAY	SUNDAY	NOTES
4	5	6	
11	12	13	
18	19	20	
25	26	27	

August 2025

MONDAY	TUESDAY	WEDNESDAY	THURSDAY
4	5	6	7
11	12	13	14
18	19	20	21
25	26	27	28

August 2025

FRIDAY	SATURDAY	SUNDAY	NOTES
	1	2	3
	8	9	10
	15	16	17
	22	23	24
	29	30	31

September 2025

MONDAY	TUESDAY	WEDNESDAY	THURSDAY
1	2	3	4
8	9	10	11
15	16	17	18
22	23	24	25
29	30		

September

September 2025

FRIDAY	SATURDAY	SUNDAY	NOTES
5	6	7	
12	13	14	
19	20	21	
26	27	28	

October 2025

MONDAY	TUESDAY	WEDNESDAY	THURSDAY
		1	2
6	7	8	9
13	14	15	16
20	21	22	23
27	28	29	30

October 2025

FRIDAY	SATURDAY	SUNDAY	NOTES
3	4	5	
10	11	12	
17	18	19	
24	25	26	
31			

November 2025

MONDAY	TUESDAY	WEDNESDAY	THURSDAY
3	4	5	6
10	11	12	13
17	18	19	20
24	25	26	27

November 2025

FRIDAY	SATURDAY	SUNDAY	NOTES
		1	2
7	8	9	
14	15	16	
21	22	23	
28	29	30	

December 2025

MONDAY	TUESDAY	WEDNESDAY	THURSDAY
1	2	3	4
8	9	10	11
15	16	17	18
22	23	24	25
29	30	31	
30	31		

December 2025

FRIDAY	SATURDAY	SUNDAY	NOTES
5	6	7	_____
12	13	14	_____
19	20	21	_____
26	27	28	_____

Website:

USERNAME:_____

EMAIL:_____ PHONE:_____

PASSWORD:_____

NOTES:_____

_____

Website:

USERNAME:_____

EMAIL:_____ PHONE:_____

PASSWORD:_____

NOTES:_____

_____

Website:

USERNAME:_____

EMAIL:_____ PHONE:_____

PASSWORD:_____

NOTES:_____

_____

Website:

USERNAME:
EMAIL: PHONE:
PASSWORD:
NOTES:

Website:

USERNAME:
EMAIL: PHONE:
PASSWORD:
NOTES:

Website:

USERNAME:
EMAIL: PHONE:
PASSWORD:
NOTES:

Website:

USERNAME: _____

EMAIL: _____ PHONE: _____

PASSWORD: _____

NOTES: _____
_____

Website:

USERNAME: _____

EMAIL: _____ PHONE: _____

PASSWORD: _____

NOTES: _____
_____

Website:

USERNAME: _____

EMAIL: _____ PHONE: _____

PASSWORD: _____

NOTES: _____
_____

Website:

USERNAME: _____

EMAIL: _____ **PHONE:** _____

PASSWORD: _____

NOTES: _____

_____

Website:

USERNAME: _____

EMAIL: _____ **PHONE:** _____

PASSWORD: _____

NOTES: _____

_____

Website:

USERNAME: _____

EMAIL: _____ **PHONE:** _____

PASSWORD: _____

NOTES: _____

_____

Website:

USERNAME:_____

EMAIL:_____ PHONE:_____

PASSWORD:_____

NOTES:_____

_____

Website:

USERNAME:_____

EMAIL:_____ PHONE:_____

PASSWORD:_____

NOTES:_____

_____

Website:

USERNAME:_____

EMAIL:_____ PHONE:_____

PASSWORD:_____

NOTES:_____

_____

Website:

USERNAME:_____

EMAIL:_____ PHONE:_____

PASSWORD:_____

NOTES:_____

_____

Website:

USERNAME:_____

EMAIL:_____ PHONE:_____

PASSWORD:_____

NOTES:_____

_____

Website:

USERNAME:_____

EMAIL:_____ PHONE:_____

PASSWORD:_____

NOTES:_____

_____

Website:

USERNAME:
EMAIL: PHONE:
PASSWORD:
NOTES:

Website:

USERNAME:
EMAIL: PHONE:
PASSWORD:
NOTES:

Website:

USERNAME:
EMAIL: PHONE:
PASSWORD:
NOTES:

Website:

USERNAME: _____

EMAIL: _____ PHONE: _____

PASSWORD: _____

NOTES: _____

_____

Website:

USERNAME: _____

EMAIL: _____ PHONE: _____

PASSWORD: _____

NOTES: _____

_____

Website:

USERNAME: _____

EMAIL: _____ PHONE: _____

PASSWORD: _____

NOTES: _____

_____

Website:

USERNAME: _____

EMAIL: _____ **PHONE:** _____

PASSWORD: _____

NOTES: _____

_____

Website:

USERNAME: _____

EMAIL: _____ **PHONE:** _____

PASSWORD: _____

NOTES: _____

_____

Website:

USERNAME: _____

EMAIL: _____ **PHONE:** _____

PASSWORD: _____

NOTES: _____

_____

Website:

USERNAME:_____

EMAIL:_____ PHONE:_____

PASSWORD:_____

NOTES:_____

_____

Website:

USERNAME:_____

EMAIL:_____ PHONE:_____

PASSWORD:_____

NOTES:_____

_____

Website:

USERNAME:_____

EMAIL:_____ PHONE:_____

PASSWORD:_____

NOTES:_____

_____

Contact *Information*

NAME: _____ **NAME:** _____

BUSINESS: _____ **BUSINESS:** _____

WEBSITE: _____ **WEBSITE:** _____

EMAIL: _____ **EMAIL:** _____

PHONE: _____ **PHONE:** _____

NAME: _____ **NAME:** _____

BUSINESS: _____ **BUSINESS:** _____

WEBSITE: _____ **WEBSITE:** _____

EMAIL: _____ **EMAIL:** _____

PHONE: _____ **PHONE:** _____

NAME: _____ **NAME:** _____

BUSINESS: _____ **BUSINESS:** _____

WEBSITE: _____ **WEBSITE:** _____

EMAIL: _____ **EMAIL:** _____

PHONE: _____ **PHONE:** _____

NAME: _____ **NAME:** _____

BUSINESS: _____ **BUSINESS:** _____

WEBSITE: _____ **WEBSITE:** _____

EMAIL: _____ **EMAIL:** _____

PHONE: _____ **PHONE:** _____

Contact Information

NAME: _____	**NAME:** _____
BUSINESS: _____	**BUSINESS:** _____
WEBSITE: _____	**WEBSITE:** _____
EMAIL: _____	**EMAIL:** _____
PHONE: _____	**PHONE:** _____
NAME: _____	**NAME:** _____
BUSINESS: _____	**BUSINESS:** _____
WEBSITE: _____	**WEBSITE:** _____
EMAIL: _____	**EMAIL:** _____
PHONE: _____	**PHONE:** _____
NAME: _____	**NAME:** _____
BUSINESS: _____	**BUSINESS:** _____
WEBSITE: _____	**WEBSITE:** _____
EMAIL: _____	**EMAIL:** _____
PHONE: _____	**PHONE:** _____
NAME: _____	**NAME:** _____
BUSINESS: _____	**BUSINESS:** _____
WEBSITE: _____	**WEBSITE:** _____
EMAIL: _____	**EMAIL:** _____
PHONE: _____	**PHONE:** _____

Contact *Information*

NAME: _____	**NAME:** _____
BUSINESS: _____	**BUSINESS:** _____
WEBSITE: _____	**WEBSITE:** _____
EMAIL: _____	**EMAIL:** _____
PHONE: _____	**PHONE:** _____
NAME: _____	**NAME:** _____
BUSINESS: _____	**BUSINESS:** _____
WEBSITE: _____	**WEBSITE:** _____
EMAIL: _____	**EMAIL:** _____
PHONE: _____	**PHONE:** _____
NAME: _____	**NAME:** _____
BUSINESS: _____	**BUSINESS:** _____
WEBSITE: _____	**WEBSITE:** _____
EMAIL: _____	**EMAIL:** _____
PHONE: _____	**PHONE:** _____
NAME: _____	**NAME:** _____
BUSINESS: _____	**BUSINESS:** _____
WEBSITE: _____	**WEBSITE:** _____
EMAIL: _____	**EMAIL:** _____
PHONE: _____	**PHONE:** _____

Contact Information

NAME: _____	**NAME:** _____
BUSINESS: _____	**BUSINESS:** _____
WEBSITE: _____	**WEBSITE:** _____
EMAIL: _____	**EMAIL:** _____
PHONE: _____	**PHONE:** _____
NAME: _____	**NAME:** _____
BUSINESS: _____	**BUSINESS:** _____
WEBSITE: _____	**WEBSITE:** _____
EMAIL: _____	**EMAIL:** _____
PHONE: _____	**PHONE:** _____
NAME: _____	**NAME:** _____
BUSINESS: _____	**BUSINESS:** _____
WEBSITE: _____	**WEBSITE:** _____
EMAIL: _____	**EMAIL:** _____
PHONE: _____	**PHONE:** _____
NAME: _____	**NAME:** _____
BUSINESS: _____	**BUSINESS:** _____
WEBSITE: _____	**WEBSITE:** _____
EMAIL: _____	**EMAIL:** _____
PHONE: _____	**PHONE:** _____

Contact *Information*

NAME: _____	**NAME:** _____
BUSINESS: _____	**BUSINESS:** _____
WEBSITE: _____	**WEBSITE:** _____
EMAIL: _____	**EMAIL:** _____
PHONE: _____	**PHONE:** _____
NAME: _____	**NAME:** _____
BUSINESS: _____	**BUSINESS:** _____
WEBSITE: _____	**WEBSITE:** _____
EMAIL: _____	**EMAIL:** _____
PHONE: _____	**PHONE:** _____
NAME: _____	**NAME:** _____
BUSINESS: _____	**BUSINESS:** _____
WEBSITE: _____	**WEBSITE:** _____
EMAIL: _____	**EMAIL:** _____
PHONE: _____	**PHONE:** _____
NAME: _____	**NAME:** _____
BUSINESS: _____	**BUSINESS:** _____
WEBSITE: _____	**WEBSITE:** _____
EMAIL: _____	**EMAIL:** _____
PHONE: _____	**PHONE:** _____

Contact *Information*

NAME: _____	**NAME:** _____
BUSINESS: _____	**BUSINESS:** _____
WEBSITE: _____	**WEBSITE:** _____
EMAIL: _____	**EMAIL:** _____
PHONE: _____	**PHONE:** _____

NAME: _____	**NAME:** _____
BUSINESS: _____	**BUSINESS:** _____
WEBSITE: _____	**WEBSITE:** _____
EMAIL: _____	**EMAIL:** _____
PHONE: _____	**PHONE:** _____

NAME: _____	**NAME:** _____
BUSINESS: _____	**BUSINESS:** _____
WEBSITE: _____	**WEBSITE:** _____
EMAIL: _____	**EMAIL:** _____
PHONE: _____	**PHONE:** _____

NAME: _____	**NAME:** _____
BUSINESS: _____	**BUSINESS:** _____
WEBSITE: _____	**WEBSITE:** _____
EMAIL: _____	**EMAIL:** _____
PHONE: _____	**PHONE:** _____

Contact *Information*

NAME: _____	**NAME:** _____
BUSINESS: _____	**BUSINESS:** _____
WEBSITE: _____	**WEBSITE:** _____
EMAIL: _____	**EMAIL:** _____
PHONE: _____	**PHONE:** _____
NAME: _____	**NAME:** _____
BUSINESS: _____	**BUSINESS:** _____
WEBSITE: _____	**WEBSITE:** _____
EMAIL: _____	**EMAIL:** _____
PHONE: _____	**PHONE:** _____
NAME: _____	**NAME:** _____
BUSINESS: _____	**BUSINESS:** _____
WEBSITE: _____	**WEBSITE:** _____
EMAIL: _____	**EMAIL:** _____
PHONE: _____	**PHONE:** _____
NAME: _____	**NAME:** _____
BUSINESS: _____	**BUSINESS:** _____
WEBSITE: _____	**WEBSITE:** _____
EMAIL: _____	**EMAIL:** _____
PHONE: _____	**PHONE:** _____

Contact *Information*

NAME: _____	**NAME:** _____
BUSINESS: _____	**BUSINESS:** _____
WEBSITE: _____	**WEBSITE:** _____
EMAIL: _____	**EMAIL:** _____
PHONE: _____	**PHONE:** _____
NAME: _____	**NAME:** _____
BUSINESS: _____	**BUSINESS:** _____
WEBSITE: _____	**WEBSITE:** _____
EMAIL: _____	**EMAIL:** _____
PHONE: _____	**PHONE:** _____
NAME: _____	**NAME:** _____
BUSINESS: _____	**BUSINESS:** _____
WEBSITE: _____	**WEBSITE:** _____
EMAIL: _____	**EMAIL:** _____
PHONE: _____	**PHONE:** _____
NAME: _____	**NAME:** _____
BUSINESS: _____	**BUSINESS:** _____
WEBSITE: _____	**WEBSITE:** _____
EMAIL: _____	**EMAIL:** _____
PHONE: _____	**PHONE:** _____

Contact *Information*

NAME: _____	**NAME:** _____
BUSINESS: _____	**BUSINESS:** _____
WEBSITE: _____	**WEBSITE:** _____
EMAIL: _____	**EMAIL:** _____
PHONE: _____	**PHONE:** _____
NAME: _____	**NAME:** _____
BUSINESS: _____	**BUSINESS:** _____
WEBSITE: _____	**WEBSITE:** _____
EMAIL: _____	**EMAIL:** _____
PHONE: _____	**PHONE:** _____
NAME: _____	**NAME:** _____
BUSINESS: _____	**BUSINESS:** _____
WEBSITE: _____	**WEBSITE:** _____
EMAIL: _____	**EMAIL:** _____
PHONE: _____	**PHONE:** _____
NAME: _____	**NAME:** _____
BUSINESS: _____	**BUSINESS:** _____
WEBSITE: _____	**WEBSITE:** _____
EMAIL: _____	**EMAIL:** _____
PHONE: _____	**PHONE:** _____

Contact *Information*

NAME: _____	**NAME:** _____
BUSINESS: _____	**BUSINESS:** _____
WEBSITE: _____	**WEBSITE:** _____
EMAIL: _____	**EMAIL:** _____
PHONE: _____	**PHONE:** _____

NAME: _____	**NAME:** _____
BUSINESS: _____	**BUSINESS:** _____
WEBSITE: _____	**WEBSITE:** _____
EMAIL: _____	**EMAIL:** _____
PHONE: _____	**PHONE:** _____

NAME: _____	**NAME:** _____
BUSINESS: _____	**BUSINESS:** _____
WEBSITE: _____	**WEBSITE:** _____
EMAIL: _____	**EMAIL:** _____
PHONE: _____	**PHONE:** _____

NAME: _____	**NAME:** _____
BUSINESS: _____	**BUSINESS:** _____
WEBSITE: _____	**WEBSITE:** _____
EMAIL: _____	**EMAIL:** _____
PHONE: _____	**PHONE:** _____

Notes

Notes

Notes

Notes

Notes

Notes

Notes

www.ingramcontent.com/pod-product-compliance
Lightning Source LLC
LaVergne TN
LVHW060153080526
838202LV00052B/4145